Inhalt

Steuerhinterziehung - Bundeskabinett beschließt neues Gesetz

Kernthesen

Beitrag

Fallbeispiele

Weiterführende Literatur

Impressum

Steuerhinterziehung - Bundeskabinett beschließt neues Gesetz

A. Kaindl

Kernthesen

- Das Bundeskabinett hat dem Steuerhinterziehungsbekämpfungsgesetz zugestimmt.
- Steuerbürger mit Geschäftsbeziehungen zu Ländern, die als Steueroasen gelten, werden besonderen Mitwirkungs- und Auskunftspflichten unterworfen.
- Kurzfristig ändert sich erst einmal nichts, da den Steueroasen Zeit gegeben wird, sich den neuen Regelungen anzupassen.
- Mit dem Gesetz soll ein Zeichen gesetzt werden, dass Steuerhinterziehung nicht

länger geduldet wird.

Beitrag

Ein Gesetz zur Bekämpfung von Steuerhinterziehung klingt erst einmal gut, aber das Gesetz hat einen entscheidenden Schönheitsfehler: Es kann nicht angewendet werden. Selbst Mitarbeiter des Finanzministeriums bezeichnen es als "zahnlosen Tiger".

Wer ist von dem neuen Gesetz zur Steuerhinterziehung betroffen?

Das Bundeskabinett hat am 22.04.2009 dem Gesetzentwurf zur Bekämpfung der Steuerhinterziehung (Steuerhinterziehungsbekämpfungsgesetz) zugestimmt. Das Gesetz soll die Umsetzung der von der Organisation für Wirtschaftliche Zusammenarbeit (OECD) entwickelten Standards zu Transparenz und umfassendem Auskunftsaustausch in Steuersachen fördern und darüber hinaus die Ermittlungsmöglichkeiten verbessern. Geplant ist, dass das Parlament das Gesetz noch vor der Bundestagswahl im September 2009 absegnet. Damit wird eine Drohkulisse gegenüber Staaten, die nicht voll dem OECD-Standard für Transparenz und Auskunftspflicht entsprechen (auch als Steueroasen bezeichnet) aufgebaut. Die Bundesregierung kommt mit dem Gesetz auch einer Verabredung der 20 führenden Industrienationen beim Weltfinanzgipfel Anfang April 2009 in London nach. (2)

Betroffen von den neuen gesetzlichen Regelungen sind Unternehmen und Privatpersonen mit Einkünften über 500 000 EUR, die Geschäftsbeziehungen mit Staaten unterhalten, die sich nicht an die internationalen OECD-Regeln zur Auskunft über Finanzgeschäfte halten. Diesen Steuerpflichtigen werden verschärfte Dokumentations- und Mitteilungspflichten auferlegt. Diese Privatpersonen und Unternehmen müssen im Zweifel belegen, was hinter ihren Geschäften mit Steueroasen steckt. Ein Steuerpflichtiger kann auch gezwungen werden, die Finanzinstitute, über welche die Geschäftsbeziehungen laufen, zu Auskünften an die Finanzbehörde aufzufordern. Des Weiteren ist der Fiskus berechtigt Prüfungen, auch ohne Anlass, durchzuführen. Die BR Deutschland erhofft sich davon erhebliche Steuermehreinnahmen. Wird die Kooperation verweigert, drohen Bussen oder der Verlust von (gängigen) Steuervorteilen wie der Absetzbarkeit von Betriebsausgaben. Danach könnte es deutschen Konzernen bspw. passieren, dass sie Dividenden von Tochtergesellschaften aus unkooperativen Staaten nicht länger steuerfrei einstreichen dürfen. Auch können nach den Gesetzesplänen künftig Betriebsausgaben und Werbungskosten, die in solchen Ländern angefallen sind, ganz oder teilweise nicht mehr anerkannt werden. (2), (3)

Welche Länder gelten als Steueroasen?

Noch ist nicht klar, wie viele und welche Länder am Ende auf der "Schwarzen Liste" der OECD stehen, die die Standards der Organisation zur Bekämpfung der Steuerflucht nicht einhalten. Das Finanzministerium erklärte, dass die Liste derzeit leer ist, weil zuletzt auch Länder wie bspw. Andorra, Lichtenstein, Luxemburg, Monaco, Österreich und die Schweiz ihre Bereitschaft zur Zusammenarbeit im Sinne der Standards der OECD signalisiert haben. (3)

Jedoch gibt es weltweit noch Länder, auch in Europa, die ihre Zusagen erst noch umsetzen müssen. So lange dieses nicht erfolgt ist, bestehen die Bedingungen fort, die die Steuerhinterziehung begünstigen. Jetzt kommt es darauf an, zu verfolgen, ob den Ankündigungen auch bald Taten in Form bilateraler Vereinbarungen folgen. In der

Vergangenheit wurden schon viele leere Versprechungen gegeben. Ob die Schwarze Liste leer bleibt, wird sich erst in Zukunft zeigen. (3)

In der Begründung ihrer Gesetzesvorlage beklagt die Bundesregierung, dass Behörden in nicht kooperativen Staaten bei Steuerermittlungen nicht befragt werden können. Diese Möglichkeit nimmt aber immer mehr an Bedeutung zu, da grenzüberschreitende Sachverhalte alltäglicher geworden sind. (3)

Noch ist das Gesetz nur eine Worthülse

In weiten Teilen ist das Gesetz allerdings eine Worthülse, denn es wird nicht auf Staaten angewendet, die zeitnah Maßnahmen zur Umsetzung der OECD-Standards einleiten, zum Beispiel durch Aufnahme diesbezüglicher Gespräche zum Abschluss einer bilateralen Vereinbarung. (2)

Die Sanktionen können nur angewendet werden, wenn die Bundesregierung zuvor eine zusätzliche Verordnung beschließt. In dieser müssen Union und SPD festlegen, welche Staaten die BR Deutschland als Steueroasen betrachtet. Die SPD hatte darauf gedrungen, die Namen der fraglichen Länder gleich ins Gesetz zu schreiben. Dazu war die Union nicht bereit. Sie argumentierte damit, dass den betroffenen Staaten ein paar Monate Zeit zur Umsetzung der OECD-Standards gegeben werden muss. So wird alles etwas dauern. Selbst wenn der Bundesrat das Gesetz im Juni 2009 beschließt, muss die Regierung noch eine Verordnung formulieren. Diese Aufgabe obliegt dem Finanzministerium, das sich allerdings mit dem Wirtschaftsministerium abstimmen muss. (1)

Kritik am neuen Gesetz

Kritiker haben durchaus damit Recht, dass durch das Gesetz zur Bekämpfung der Steuerhinterziehung zuerst die deutschen Steuerzahler leiden, wenn diese Geschäfte in einer Steueroase tätigen. Um den lästigen neuen Berichtspflichten zu entgehen, sollen diese Steuerzahler nachdrücklicher, als es die Bundesregierung kann, in den einschlägigen Staaten die Umsetzung des OECD-Standards über Auskunftspflichten in Steuersachen einfordern.

Natürlich wäre es viel besser direkt gegenüber den Steuerfluchtburgen und nicht gegenüber den Steuerzahlern Sanktionen zu verhängen. Leider existiert derzeit keine Idee wie dies in Europa gehen könnte. Die USA haben und nutzen die Möglichkeit, Banken aus unkooperativen Staaten Geschäfte im Heimatmarkt zu verbieten. Deutschland hat diese Möglichkeit nicht. Die Geschäfte von Banken aus europäischen Steuerfluchtburgen sind zu eng mit denen deutscher Institute verflochten. Damit bleibt dem deutschen Gesetzgeber letztlich nur der indirekte Weg: Die deutschen Steuerzahler werden gezwungen, den Beweis der eigenen Ehrlichkeit zu führen. (7)

Fallbeispiele

Es wird geschätzt, dass weltweit jährlich zwei bis zwölf Billionen Euro durch Steuerkriminalität verloren gehen. Dem deutschen Staat entgehen dadurch jährlich mehr als 100 Milliarden Euro. (4)

Bundesfinanzminister Peer Steinbrück (SPD) warf der Schweiz und Lichtenstein vor, deutsche Steuerzahler vorsätzlich dazu einzuladen ihr Geld in diese Länder zu transferieren, in der klaren Absicht, hier Steuerhinterziehung und Steuerbetrug zu betreiben. Dieser Vorwurf wurde von vielen Seiten heftig kritisiert und der Bundesfinanzminister wurde aufgefordert, zur Sachlichkeit zurückzukehren. (5)

Die SPD wollte gern im Gesetz zur Steuerhinterziehung die Staaten namentlich aufführen, die die Bundesrepublik Deutschland als Steueroasen betrachtet. Obwohl sich die SPD damit nicht durchsetzten konnte, war der Bundesfinanzminister trotzdem nicht unglücklich. Auch ohne Namensnennung erzielt der Gesetzentwurf schon Wirkung. Einige der bislang nicht kooperationsbereiten Länder verstehen das Gesetz zu Recht als Bedrohung und würden ihre Unterstützung der Steuerflucht allmählich einstellen. (1)

Auf Kritik stieß der Gesetzentwurf zur Bekämpfung der Steuerhinterziehung bei den Liberalen. Hermann Otto Solms, der finanzpolitische Sprecher der FDP-Fraktion, bemängelte, dass es mit dem Streichen aller Staaten von der Schwarzen Liste keine Gesetzesgrundlage mehr gibt. Die Gründe, die der Gesetzesinitiative zu Grunde lagen, sind entfallen. Wo kein Gesetz benötigt wird, sollte auch keines verabschiedet werden. (3)

Weiterführende Literatur

(1) Regierung plant zahnloses Gesetz gegen

Steueroasen SCHLUPFLOCH Union bremst wirksame Bekämpfung von Steuerflucht in Länder wie die Schweiz
aus taz, 08.05.2009, S. 06

(2) Steuerflucht: Drohkulisse bleibt
aus Finanz und Wirtschaft vom 25.04.2009, Seite 40

(3) Große Koalition einigt sich auf Strategie gegen Steuerhinterzieher Bürger müssen mehr mit dem Fiskus kooperieren
aus DIE WELT, 23.04.2009, Nr. 94, S. 17

(4) SPD macht Druck auf Steuersünder Steinbrück will Gesetz schnell "scharf" machen - Union: Verbal abrüsten
aus Börsen-Zeitung, 08.05.2009, Nummer 87, Seite 7

(5) Steinbrück attackiert erneut Schweiz und Liechtenstein "Vorsätzliche Einladung zum Steuerbetrug" - Union und SPD bringen Gesetz gegen Steuerhinterziehung in den Bundestag ein
aus DIE WELT, 08.05.2009, Nr. 106, S. 2

(6) Feilschen um Steuerfluchtgesetz
aus Finanz und Wirtschaft vom 22.04.2009, Seite 29

(7) Erstmals wird es ernst
aus Handelsblatt Nr. 076 vom 21.04.09 Seite 8

Impressum

Steuerhinterziehung - Bundeskabinett beschließt neues Gesetz

Bibliografische Information der deutschen Nationalbibliothek

Die Deutsche Nationalbibliothek verzeichnet diese Publikation in der deutschen Nationalbibliografie; detaillierte bibliografische Daten sind im Internet über http://dnb.d-nb.de abrufbar.

ISBN: 978-3-7379-1376-8

© 2015 GBI-Genios Deutsche Wirtschaftsdatenbank GmbH, Freischützstraße 96, 81927 München, www.genios.de

Alle Rechte vorbehalten. Dieses Werk ist einschließlich aller seiner Teile – z.B. Texte, Tabellen und Grafiken - urheberrechtlich geschützt. Jede Verwertung außerhalb der Grenzen des Urheberrechtsgesetzes bedarf der vorherigen Zustimmung des Verlags. Dies gilt insbesondere auch für auszugsweise Nachdrucke, fotomechanische

Vervielfältigungen (Fotokopie/Mikroskopie), Übersetzungen, Auswertungen durch Datenbanken oder ähnliche Einrichtungen und die Einspeicherung und Verarbeitung in elektronischen Systemen.